보이지 않는 세상

보이지 않는 세상

전병렬 첫 시집

머리말

정말 오랜만에 시를 접하고 시를 쓴다. 대학 시절 시를 쓴다고 원고지에 시를 쓰며 흐뭇해한 지 사십 년이나 지나 이제 젊은 날의 감성을 일깨우고 시를 배워 시를 쓴다. 자연과 개체를 새롭게 들여다보고, 자신을 들여다본다.

우선, 이런 시의 감성을 일깨워주시고 시의 세계로 이끌어주신 시인대학 박종규 교수님께 감사의 인사를 드리며, 열정과 감성이 감동이었으며 배움의 인연에 감사한다.

시어는 깊은 사유와 통찰의 언어이다. 자연의 신비를 들여다보며 감정을 느끼며 전율하고, 현상에 대한 본질의 진리와 영감으로, 생략과 가지치기의 여운과 은유와 역설로 세상과 자연 사람들과 소통 교감하여 내 안의 감성을 일깨운다.

사실 이렇게 자신의 시집을 낼 것이라 상상하지 않았다. 그간 함께해온 감성을 돌아보며 정갈한 시어로 자아내고 한 구절, 하나의 연, 하나의 시가 완성되는 쾌감을 경험한다.

첫 시집이다. 새로운 느낌으로 다가오며 앞으로 계속 시를 쓸 생각이다.

동서양의 비움과 채움, 존재와 소유를 초월한 세계관으로 우주와 하나가 되는 지혜를 사유하고, 현재에 머물되 과거나 미래의 집착에서 벗어나 행복할 줄 아는, 자신이 삶에 주인이 되어 홀로 당당히 나아가며, 분별을 초월하여 自在하는 자연을 느끼는 시이다.

이제 시인으로서 첫걸음이다. 많은 이의 도움으로 첫발을 내디딘다.

2024년 6월
전 병 렬

차 례

머리말/ 4

제1부 **자연스러운 사랑**/ 13

자연스러운 사랑/ 15
봄날은 어지럽다/ 16
아버지의 짐/ 18
사랑은/ 19
詩와 형식/ 20
지하 속 세상/ 22
여인네 살림살이/ 24
종점/ 25
한 생각/ 26
삶의 지혜/ 28
깨달음의 세계/ 30
지혜로운 삶/ 32
사랑의 정체/ 34
가족사진/ 35

제2부 **묘한 신비**/ 37

진달래꽃/ 39
내 안의 의식/ 40
보릿고개/ 42
셋방살이/ 44
똥/ 45
무명 중생/ 46
화두 無/ 48
지구 밖 초월/ 50
시어/ 52
사무실의 봄/ 53
존재는 하나, 실체는 없다/ 54
妙한 신비/ 56
비움과 채움/ 58
꽃의 신비/ 60
시골 동네 소리/ 62
매미의 허물/ 64

제3부 **신비를 본다**/ 65

지렁이/ 67
인생길/ 68
보이지 않는 세상/ 70
신은 텅 비었다/ 72
남 눈치/ 73
고등어 밥상/ 74
내 시를 쓴다/ 75
거짓 프레임/ 76
분별을 벗다/ 78
신비를 본다/ 80
나는 없다/ 81
지구의 인류/ 82
이중성의 지혜/ 84
아름다운 세상 소리/ 86
자장면/ 88

제4부 **초월하다**/ 89

달팽이 뿔/ 91
본바닥 마음/ 92
예술가/ 94
물음표/ 96
닮는 자식/ 98
여의도 섬/ 100
뻥튀기/ 101
관악이라는 산/ 102
초월하다/ 104
한낮의 달/ 106
살부살조 가르침/ 108
어린아이의 영/ 110
봄 소풍/ 112
흐르는 강물/ 114
적정에 든다/ 116

제5부 **진실과 거짓**/ 117

벼랑 끝 한 발짝/ 119
성현의 가르침/ 120
고단한 삶/ 122
하루의 기적/ 124
한계 효용의 법칙/ 126
시를 쓴다/ 128
진실과 거짓/ 130
역설/ 132
살아서 가보자!/ 134
내비게이션 길/ 135
명과/ 136
민들레꽃/ 137
정교함에 神이/ 138
알을 깨고 자아를 벗다/ 140
작은방 색시/ 142

제6부 **내 마음속 천국**/ 143

산딸나무/ 145
젊은 시절/ 146
저 너머 세상/ 148
어머니/ 149
봄바람 불 때/ 150
부부 인연/ 151
나의 회한/ 152
자화상/ 153
문득 깨달음/ 154
마음 세계/ 156
분별의 마음/ 158
내 마음속 천국/ 160
어린 왕자의 추억/ 162

제1부 자연스러운 사랑

자연스러운 사랑
봄날은 어지럽다
아버지의 짐
사랑은
詩와 형식
지하 속 세상
여인네 살림살이
종점
한 생각
삶의 지혜
깨달음의 세계
지혜로운 삶
사랑의 정체
가족사진

자연스러운 사랑

먼 불빛을 좋아하는 사람
밝은 불빛을 좋아하는 사람
별똥별을 좋아하는 사람
카시오페이아를 좋아하는 사람도 있듯이
뭔가를 좋아한다는 거 사랑이다
사랑은 자연스러운 것

자연이 사랑인 것을
위에서 아래로 물 흐름이 사랑인 것을
생겨남과 죽음
소멸함이 사랑인 것을
이제야 깨닫는다

억지는 사랑이 아니다

봄날은 어지럽다

뒷동산 아지랑이 아른거리니
눈알이 어지럽다

묻어둔 기운 솟아오르고
시 쓰려하니 어질어질

어느새
얼어붙은 강물이 녹고
내 마음도 어지럽게 녹는다

개나리 진달래
벚꽃이 눈에 날리고
삶의 기운이 솟는다

마음속 봄날은 아름답고
봄날 흙 속도 따뜻하다
바람은 훈훈하고
새싹은 땅 위로 뚫고 나온다

생명의 영혼이 나타나고
싹을 틔우며 뿌리를 내린다
시작을 알리며 나팔을 분다
봄날은 아름답고
생명은 나타난다

봄날은 같았으나
이제는 봄날이 다르다
어릴 적 봄날과 다르듯
이젠 어지러운 봄날이다

아버지의 집

아버지라는 이름의 남자
어깨에 고된 짐을 진다

그 남자
밖에서 산다
울타리를 치고 도둑을 막고 집을 지킨다

그렇게 키운 내 새끼
집을 나가 고요하다

지금 그 남자
조용한 방에 아버지가 있다
살았는지 죽었는지 늙어서 조용하다
한때 집을 지키던 이
그는 아버지, 남자였다

사랑은

누군가를 좋아하는 사랑
눈에 넣어도 아깝지 않은 사랑
마음이 통하면 좋은 사랑
자아의 본성을 찾아 경외하는 사랑

사랑이 자비이고
사랑이 배려이며 나눔이요
관용인 것을
이제야 알았다

관심이 사랑인 것을
바람이 사랑이었던 것을
상대가 있음이 사랑인 것을
인연이 사랑인 것을
내 주변이 사랑인 것을
이제야 느낀다

詩와 형식

모티브은 하나인데
누구는 소설을 쓰고
누구는 수필을 쓰며
누구는 논문을 쓰고
누구는 시를 쓴다

실체는 하나인데
누구는 겉만을 보고
누구는 사유하며 통찰하고
누구는 영감을 얻고
누구는 수행하며
누구는 믿으며 산다

누구는 망상 신기루에 끄달리지만
누구는 본질을 보며
누구는 실체를 본다

세상은 눈에 보이는 현상이지만
그 안에 본질이 있다

시는 나타냄이지만
그 안엔 일어난 한 마음이 있다

詩作노트/ 시의 형식을 빌어본다. 글을 쓰는데 시의 형식을 빌어 써보겠다는 마음이 생겼다. 어릴 적, 학교에서 시를 배우고 외우고 하며 즐기던 것을 다시 어른이 되어 그 형식을 빌어 내 마음의 감성을 일깨운다. 시인대학에서 늙은 시인으로부터 일선에서 벗어나 젊은 감성에서 벗어나 노련한 방식으로 감성을 일깨운다. 詩이다. 절에서 쓰는 언어란 뜻이다._

 詩! 선문답이며 참선이고 묵상이며 영감이다. 화두 명상이며 관찰 통찰함이고, 은유와 간결 숨김과 자연과 외부 개체와 소통과 공감이고 배려와 하나됨이다. 이제 늙어 감성을 불러일으킴이다.

지하 속 세상

선을 긋고 땅을 판다
굴을 뚫어 이쪽저쪽을 연결한다
이편과 저편이 소통

매트릭스의 시온처럼 지하 세상
전쟁터에 깊이 파고들어선 지하역이 대피소
많은 사람의 플랫폼 올라타고 내린다
목적지가 정해져 있기도 없기도 한 시간

지하철에 몸을 싣고 달리면 백 말인 명마
덜컹거리는 소리에 잠을 깨기도
늙은 할배 힘들게 오르면
모든 사람 자리 양보

지하 속을 기차가 달리며
어둠 속 불빛을 비추고
두 길 따라 평행선을 간다

어릴 적 평행선이 눈앞에 있어
영원히 만나지 않는 선이 줄이어 있고
그 위를 사람 실은 기차가 가면
그 안 사람들도 평행선

지하 세상?
지상 세상이 더러워져
어쩌면 미래 세상 모습은 아닐는지

여인네 살림살이

시집올 땐 이뻤다
나를 낳기 전이다
사진 속 모습이 이쁘다
한 땐 아리따운 여인

산통 후엔 바뀌었네 여인의 마음
화장도 잠시 미루고 젖 물리기 바빴을 여인
정성이 사람을 만들고 세상을 이룬다

한평생 살림살이
한 가족의 의식주 죽임 아닌 살림을 한다
숨을 멈추는 그날까지 살림살이이다

옛날엔 어려웠을 살림살이
억척같은 여인네 엄마
주름진 세월의 흔적 속에도 변하지 않는 마음

맛있는 밥 지어 먹이는 살림
좋은 옷 입히는 살림
편안한 잠재우는 살림

사람을 살리고 세상을 살리는 살림살이
본래부터 살림살이 여인
옛적 여인네 우리네 엄마이다

종점

옛날 버스 종점에 살았다
서울 촌구석 끝자리에 옹기종기 모여 사는 동네 종점
첫차와 막차 시간표가 있는

태어남과 죽음이 첫차와 막차
시작점이 종점
돌고 돌아 출발지로 돌아온다

종점이 통하는 곳 출발점
아침에 등교하는 첫차
밤에 하교하는 막차
나갔다 다시 돌아오는 종점

돌아오는 종점 귀소본능
그리고 다시 시작하는 종점이다

귀거래사, 돌고 돌아 고향이 종점
마음의 고향이 종점
시작된 곳도 종점이다

종점이 궁즉통이다
끝닿으니 다시 시작이다

우리집은 종점에 있다

한 생각

어디에서 왔나? 한 생각
어디에 있나? 한 생각
어디로 가는가? 한 생각

분명 내 안에서 일어난 한 생각
생각하는 이놈은 뭣고?

내가 살아있음을 보여주는 한 생각
의식하는 한 생각
누가 만들었나 한 생각

본래 묘한 흐름 공적한 공간이 고향인 한 생각
시공간을 초월하는 한 생각
얽매어 붙잡히지 않는 한 생각

대상과 현상으로 작용되어 일어나는 한 생각
본래 모두가 같은 한 생각
하지만 모두가 다른 한 생각
알지 못하는 한 생각, 무명중생 번뇌와 고통

부처의 한 생각, 본래가 비어 있다
예수의 한 생각, 하느님은 우리를 사랑하신다
노자의 한 생각, 자연이 도요 그 행함이 덕이다
공자의 한 생각, 국가와 사회 가정은 예이다
칸트, 관념이 한 생각이다
유마도 달마도 성철도 생각한 한 생각

어디서 왔나? 한 생각!
왜 내게서 일어나는가 한 생각?
왜 만들어지고 생각나게 하는가? 한 생각
본래는 없었던 한 생각
무슨 인연인가? 한 생각

내게 온
신이 보낸 한 생각
신에 돌아간 한 생각이다

삶의 지혜

있음이 없음이요
없음이 있음이다
있음 속에 없음의 씨앗이
없음 속에 있음의 흐름이 담겨 있다

탐욕과 집착을 버림이 지혜이고
한쪽으로 기울어지지 않으니 중도의 균형
온탕과 냉탕의 섞임의 미지근함이 아닌
온탕과 냉탕 속에 시의적절함이라

색즉시공 공즉시색 색불이공 공불이색
공과 색이 같으면서 다름이요
다르면서 같음이니
공과 색이 일체니라

공에 끝닿으면 색이요
색에 끝 닿으면 공이니
공과 색이 같은 것처럼
삶과 죽음이 이와 같다

삶의 끝자락에 매달려 아등바등
삶은 삶이 아니오, 삶이 아닌 것도 아니니
그냥 그대로 있다
죽음이 죽음도 아니요, 아닌 것도 아니니
그냥 있는 것이라

삶 속에 죽음이라
삶과 죽음이 동시이며 일체라
어느 한쪽에 머물러 집착하지 말며
존재로서 자유롭게 마음을 낸다

지혜란
어느 한쪽도 아니니 초월하여 하나이다

깨달음의 세계

뭔가를 깨달음
뭔가를 앎은 다르다
智慧와 知識이다

젊었을 땐 용기 앎이지만
늙어선 지혜 깨달음

세상 속에서는 앎이지만
벗어나서는 깨달음

현상 속에서는 앎이지만
본질 이치 안에선 깨달음

빛없음이 어둠이요
있음이 밝음이라 빛이 깨달음

어둠 속 갈등 번뇌가 무명중생이라면
촛불을 켜 방안이 환해지면 깨달음

눈앞엔 現實 넘어선 理想
미혹되어 어둡지만
명약관화해서 밝음이
방안의 주인이다

앎에 끄달리지 말고
깨달음에 주인 되어 당당하고
관계 속에 끼어들어 시시비비 분별심
벗어나 초월하여 관조하면 지혜

현상 이해가 지식이라면
본질 증득 영감이 지혜인 걸

殺佛殺祖 앎을 구걸하지 말고
깊은 통찰 영감으로 본래 이치 세계에 든다

깨달음이 지혜
깨달음에 죽은 게 산다

지혜로운 삶

돈 많음도 많음이 아니요
많음이 아닌 것도 아니니
한쪽에 머물지 말며
집착하지 않음이 지혜이다

자랑할 것도 자만하거나 오만할 것도
없는 것이니 스스로 위축되지 말고
삶과 자아에 주인이 되어 당당함이
지혜의 삶이다

한쪽에 머묾을 알아차림이 지혜이니
벗어나 초월하여 하나됨이라
비어있음에 적막함이다

스스로 벗어나니 하나요
스스로 내려놓으니 자유
분별없이 바라보니 평화라
살아서 숨 쉬되 남과 나 물건과 다투지 마라

지혜란
어느 무엇과도 싸우지 않음이라
화합이요 不爭이라
나를 비움으로 不二로다

사랑의 정체

사랑은 본래부터
있었음이다

눈에 띈 것도
내 새끼가 된 것도
내 애인이 되어주고
내 사람이 된 것도
사랑이었고

나의 하느님 붓다…
노자 공자 칸트 니체도 사랑이다

내 안에 자리 잡은 영혼과 사상
지금 내게 일어나는 의식도
영원한 진리도 허공의 자리도
한 그루의 나무와 과일도
사랑이며 삶이다
나의 존재와 지금 살아있음이 사랑이다

모두가 사랑이요 자비임을
모두가 내 안에 있음을
오늘에야 알았다

가족사진

혈연의 이름 가족
어른이 되어 새롭게 느껴지는 가족
한 식구 되어 밥을 먹는다

죽어서까지 가족 이름 속에 있고
가족사진이 기념한다

어느 날 문득 본 가족사진 속에
누구는 옛날 모습으로 있고 없기도 하다
옛날 기억 담고 있는 가족사진

빛바래도 그 추억 그대로다
저편 넘어 생생히 살아있는 추억
가족이어서 아련하다

사진 속
아직 어머니가 계셔서 좋다

제2부 **묘한 신비**

진달래꽃
내 안 의식
보릿고개
셋방살이
똥
무명 중생
화두 無
지구 밖 초월
시어
사무실의 봄
존재는 하나
묘한 신비
비어있음과 채움
꽃의 신비
시골 동네 소리
매미의 허물

진달래꽃

꽃이 피니 봄인가
봄이니 꽃이 피는가

알 수 없는 세월 속에
인생만 흘러가니
꽃과 봄이 어지러울 적에
꽃이 피니 봄이 오고
봄이 오니 꽃이 피니
진달래꽃 봄에 피는구나

어느덧 오늘도
저만치 뒷동산에 진달래꽃 가득하니
봄과 꽃이 자연히 핀다

내 안의 의식

분명 내 안에 있다
어디엔가 숨어있기도 하며
언젠가 나타나 드러내고 만다

내 것인 줄 모르며 산다
주인인 줄 모르고 영원한 줄 모르며 산다
의식이 있어 사는 줄도 모른다

전해져 나에게 온 줄 모르고 산다
본래 영원한 줄 모르고
있는 줄 모르고 내 것인 양 산다

나도 모르게 움직여 산다
어디서 와서 어디로 가며
어디에 있는지 모르며 산다
현혹되어 유혹되고 들떠서 산다

본래 온 고향을 모르고 산다
인연 되어 유전되어 온 줄 모르며
나인 줄 에고되어 갇혀 산다

내 안에 타인의 종이 되어 산다
어느새 어지럽혀 쌓인 쓰레기 더미 속이다
망상 집착 허상 속에 잡혀 산다
벌써 내 것이 아니다

은연중 숨어 있다
없으면서 있고, 있으면서 없다
찾으면 보이나
내 안에 본래부터 있다

의식 자의식과 잠재의식이
본래부터 영원하다
태초에 있었으니 신비롭다

내 의식을 알기 시작하면
관념 철학자 견성도인
인간의 본래이니 인의예지 자기성찰

신의 靈 자아의 魂
의식이 신비하다
주인이 되어
자아를 벗어 神과 하나가 된다

보릿고개

구불구불 기름져 주름진 면발
퉁퉁 불어 턴 밀가루
함께 한껏 부풀리어 여럿이 먹는다

그땐 그랬던 시절
옆집 모자 이웃도 그렇게 먹었다

추울 땐 모닥불
드럼통에 여럿 구멍 내어 불을 지폈고
쪼개진 나무토막 불쏘시게
여럿이 불을 쬔다

줄지어 늘어선 공동수도 앞 물통
시간 차례 되어 받아 나르던 날
물 항아리 가득 찬다

구공탄 연탄들이던 날엔
시커먼 얼굴 손 깜둥이가 되고
서로 얼굴 보며 장난하던

몰래 스며든 연탄가스
새벽 댓바람에 방문 열고
마셨던 작년에 담은 김장김치 국물

살아남아 넘은 보릿고개다

셋방살이

내 집에 살다 남의 집에 산다
어릴 적 돌아가신 아버지
살림살이 줄어들어

있던 살림 팔아버려
그 흔적에 허전할 때
작아진 내 방엔 혼자였다

괜한 주인 눈치 아이들 기죽고
시끄럽게 뛰놀던 시간 없이
지나버린 시절

주인 눈치 왜 그랬나 싶어
아이들 돌아볼 때
살림살이 고된 마음
시간 흘러 옛날얘기

아련하게 떠오른다.

똥

먹은 대로 싸고
먹은 만큼 싼다
똥은 늘 자업자득

냄새나고 보기 흉한
내 안에 있어 소화된
힘주어 내보낸다

안에 있을 땐 모르는 냄새
먹은 모습 다르고
나온 모습 다르네

내 안에서 무슨 일이
황당하여 다시 보면 냄새만 나고
심오한 생리작용 똥!

비싼 음식 맛있게 먹은 음식
이렇게 똥 될 줄이야
인풋에 아웃풋 황당하기 그지없다

아직 먹은 대로 나와 주니 휴~

무명 중생

빛없음이 무명이요
현상만을 보고 본체인 성을 보지 못한 범부가 중생이라
중생이 무명의 미혹으로
생사의 미계를 끊임없이 유전한다

현상을 통하여 본질을 보고
본질로 현상을 꿰뚫어 일체를 봄이
진리에 어두운 무명 중생과 깨달은 성자

어둠 속 현상이라 헤맨들 빛을 볼까
본체계 성을 보지 못하니
성상체용* 둘 있어 하나를 이루고
보이는 것에 집착한들 눈이나 떠질까

현상 속 시시비비 분별심
눈에 보이는 현상 속 미혹(迷惑) 떠나
본성에 깨달음 눈을 뜨면 진인이다

불학무식 아무것도 몰라도
본성을 깨달으면
현상과 본체인 성을 아울러 보면 현자
본래 면목 보았는가

무명 중생 해탈하여 혜명 함은
본성인 공성을 깨달음이다

*性과 相은 본성과 현상이고, 體와 用은 본체와 운용의 나타남이라. 체가 성이고 용이 상으로 본래 성상, 체용 각각이 둘이 하나로 일체를 이룬다.

화두 無

없음을 화두로 받다
없으니 없다
무엇이 없는가
왜 없는가
대신심 대분심 대의심으로
없음을 사유한다

있는 것은 많다
자신과 남이 있고 세상만물이 있다
없는 것은
본래가 없었던 그러다 생겼다
있는 것은 없음에서 생겨난다

무아라 나라고 할 것이 없다
일시적으로 인연되어 나타났다 사라진다
나를 고집하지 않으면 없다
세상 만물도 마찬가지

무는 비어있음의 모양
없어서 있다 아이러니
네가 있어 내가 있다
한편이 있어 다른 한편이

무는 있음의 다른 한편
비어있음에 묘한 있음이다
있으니 없고 없으니 있다
본래면목 신비다

지구 밖 초월

서양에 갇혀 있지 않고 동양에
동양에만 머물지 않고 서양에
동서양을 왔다 갔다

한쪽에만 집착하지 않고 양쪽
한쪽 믿음에 예속되지 않고 자율
옛날엔 몰랐던 한쪽
이젠 벗어나 양쪽을 본다

한쪽이 한쪽이 아니요
한쪽이 아닌 것도 아닌
본래가 하나이나 양쪽으로 분리된
이제 다시 하나가 된다

정상은 하나나, 이르는 길은 여럿
이편에선 저편이 안보이고
저편에선 이편이 안 보이나
올라오니 한 점 정상

같은 목표
죽어서 불국토나 천국
살아서 해탈이나 구원
벽치고 등질 일이 아니네

서로 인정하며 양립하여 함께 할
신이나 비어있음이나
같은 모습 같은 모양
신의 아들 예수님
신처럼 깨달은 붓다

옛날 옛적
동양에선 모르던 예수
서양에서 모르던 붓다
이젠 예수도 알고 붓다도 안다네

시공간을 넘어선
태초 비어있음의 신비를
그 안의 신의 모습 본래 모습 그대로

한 점의 정상 끝닿은 곳
그곳에 신과 비어있음이 있네

나도 동서양 지구 밖
신과 공성, 영적 교류에 든다

시어

먼 듯하였으나 가까이 있고
번잡한 듯 하였으나 단아한
우러나는 마음 나타나는
보일 듯, 말 듯 한 여운의 생략

깊이 들여다보아야 보이는 보석
매끈하고 빛나는 몽돌
깊은 뜻 품은 듯 단단하면서 부드럽다

따뜻하고 온화한 감성의 시어
노래하는 음률
내 안 깊은 곳 본래의 마음 다소곳이 피어난다

새롭게 만든 창
다시 태어난 세상
아름답게 만들어진 은유
신비를 품은 듯 드러낸

내 안 세상을 어눌하게 수줍은 듯 보인다

사무실의 봄

일상을 잃었다 다시 찾은 사무실
사무실은 나의 일상이었다
정해진 출근과 퇴근시간
구속되지만 일상의 시간

사무실에 봄이 왔다
생긴 내 자리에 봄이 왔다
해야 할 일이 생긴 듯 반가운 일상
봄볕이 드는 사무실은 행복이다

반가운 전화벨 소리
내게도 일상이 생겼다
오랜만에 가지는 회의 간단한 보고
사람의 얼굴이 보인다

있을 땐 고마운 줄 모르고
없으니 그때서야 고마웠던 일상의 일터
사무실에 봄이 온다
사람의 생기가 돌고
즐거운 마음도 온다
이젠 소중한 사무실

일상을 되찾는다

존재는 하나, 실체는 없다

존재는 하나 실체는 없다
눈에 보이는 만져지는 것 이외
있지만 실체는 없다

고통을 내보이라는 말에
보일 것이 없지만
고통은 존재한다

나타난 이면에 작용하는 존재
생각 이면에 존재하는
말과 행위 오감 이면에 존재하는
실체는 없다

마음 고통과 번뇌, 천국과 지옥
나에게 존재는 하나 실체가 없는
장엄은 장엄이 아닌
장엄이 아닌 것도 아닌
보이지 않는 세상이다

이면에서만 작용하는
현상 너머의 이치
이름 뒤에 숨어있는
초월하여 존재하는 일체

육체 안에 영과 혼
살아서 움직이는 신비
유아, 존재하고 실체 하는
무아, 존재는 하나 실체가 없는

보이지 않는
무상-고-무아
존재는 하나 실체가 없는
본래무일물이다

妙한 신비

영원히 답이 없는 신비!
사람마다 답을 낸다
모두가 다르다 그러면서 같다
신비함의 정체

보이지 않아서 신비하지만
모두가 본 듯하여 신비하다
볼 수 있어서 신비

보이지 않아 선동하고
볼 것 같아 애태우는
누군가는 본 것 같아 의심하는
언젠가는 볼 것 같은 신비

종교자 철학자들이 주창하는 신비는
보이지 않기에
자신이 보았기 때문

없기도, 있기도 한 신비누구한테는 보이고
어느, 누구한테는 보이지 않는
누구는 믿고 누구는 믿지 않는 신비
사람마다 다르지만 같은 신비

보이지 않지만 드러내는 신비여
묘한 흐름 속 기운으로
태초는 있되 끝은 없는
본래부터 있던 신비

누구한테는 드러내 보이고
어느, 누구한테는 영원히 드러내 보이지 않는
있기도 없기도 한 신비

나한테는 없어서 거짓
남한테는 있어서 참
참과 거짓을 둘 다 가진 신비

입자이며 파동인 빛 신비
이율배반 두 모순을 동시에 가진
있고 없는 一體의 신비는
영원하다

비움과 충만

비어있어 진공묘유 공적영지
성령충만 축복은총 채움이다

동양과 서양이 다르면서 같으니
비어있음에 꽉 참이라
없음이 있음이다

태허 속에 충만함이
없는 듯 있는 듯
어둠 속에 빛이 있어
세상 만물로 가득 채운다

비어있어 여백의 비움이나
채워서 존재가 충만하다

내 안에 본래 있음이나
찾아보니 텅 비움이요
돌아보니 가득 참이다

비어있음에서 생겨나 하나이나
본래 충만으로 하나
동양에 비움이나 서양의 충만이라
동서양이 일체다

역사는 비움과 충만 분열되어 발전하고
동양의 신비와 서양의 과학이
일출과 일몰, 자전과 공전
어둠과 밝음
공적함과 존재함이다.

눈 감으니 비어있음이요
눈을 뜨니 충만이라
없으면서 있음이니
비어있음과 충만이 내 눈 안에 있다

비어있음 안에 채움이 가득하고
가득 차 있음에 신이 충만하다

비어있음에 충만이 신이다!

꽃의 신비

누구는,
꽃의 아름다움을 보고
꽃의 냄새를 맡고
꽃의 모습을 보며
꽃에 즐거운 추억을 떠올리기도
꽃에 물을 준다

나는,
꽃의 모습과 피어남 나타남의 신비함을 본다

누구는
꽃의 개체를 보고
꽃의 형상을 보며
꽃의 피어남의 생리를 보고

누구는,
꽃의 싱싱함과 시듦을 생각하고
꽃을 보며 봄을 생각한다

누구는,
꽃의 가격을 생각한다

나는,
꽃의 피어남의 신비를 보고
생겨남의 이전을 보고
나타남의 본래를 본다
꽃이 사람마다 다르다

또한 나는,
꽃의 성령을 보고,
꽃의 비어있음을 본다

詩作노트/ 공의 신비, 비어있음의 신비, 성령의 신비를 한번 체험하여 증득하면 우주만물 자연의 신비를 느끼며 보고 전율한다. 신비란 영감의 전율이다.

시골 동네 소리

사박사박 낙엽 밟으며 산길을 간다
바람결에 낙엽이 우수수
산속 깊은 곳 낙엽이 쌓인다

사박사박 눈길을 걷는다
하얀 눈길에 발자국을 남기고
밤새 내린 눈이 하얗게 쌓였다

소리 없이 내린다

볏짚 잘게 썰어 가마솥에
소여물 가마솥 끓는 소리
논두렁 소 울음소리
소 모내기하는 소리
모내는 날 동네잔치 소리

이른 새벽 장닭 우는 소리
분주하게 바쁜 시골 장터 소리
산등선 아낙네 밭 가는 소리
봄 동산 산나물 캐는 소리

그간 듣지 못한
그 옛날 그리운 시골 동네 소리
생각하니 정겹다

매미의 허물

땅속 살이 길다
땅강아지인 줄
허물 벗어 화려하게 날고
애달픈 듯 운다
울음도 길지 못해
다시 땅속으로

더위를 알리려 그토록 울려고
한 생명 걸고
작은 허물 벗는다

제3부 신비를 본다

지렁이
인생길
보이지 않는 세상
신은 텅 비었다
남 눈치
고등어 밥상
내 시를 쓴다
거짓 프레임
분별을 벗다
신비를 본다
무아_나는 없다
지구의 인류
이중성의 지혜
아름다운 세상 소리
자장면

지렁이

지렁이가 기어간다
꿈틀꿈틀 꾸불꾸불 간다
허리가 잘려 나뉘어도 꿈틀꿈틀

비 오는 날
지렁이는 용기 있다
험한 세상에 아무 힘없이 길에 나선다
한 마리 새가 발견하고
사람 눈에 띄고
낚시찌에 찔리고
물고기 밥이 되고

살신성인 이롭게 산다
아무런 보상도 없이
흙 속 지렁이가 행복하다
눈에 안 띠어서
띠면 누군가에 희생
그래도 밟으면 꿈틀!

인생길

인생길 70년
열다섯에 지우학 약관 삼십 이립에
불혹과 지천명 이순 칠순 종심소욕불유구라
말하지만

삼십에 이립이라 뜻을 세워 사회에 발 들이고
사십에 불혹이라지만 많은 유혹에 시달리며
오십에 지천명이나 많은 짐에 고통받고
고작 이삼십 년이 내 삶의 전부인 듯
인생길

육십에 이순이나 고집의 아만심만 커지고
칠십 고희도 옛말이다

지금은
태어나 30년이 자라고 배우며
이후 30년이 일하며 돈 벌고
또 이후 30년이 쓰며 즐기는
이젠 90년 길어진 인생

나이 육십에 물러나 관조하고
옛 공자 때 삶과는 다른
세상에 참 어른이 없는 요즈음 세상

육십이 지나도 일을 하니
죽기까지 삶이 길어졌다
이제라도 잘 살아야 할 텐데
죽어서는 일이 없다

지나 보니 생은 죄와 업, 因果 속
눈 깜짝할 사이 찰나이다

보이지 않는 세상

보는 세상보다 보이지 않는 세상
보이면서 보이지 않음이 있다

보는 만큼 이면에 보이지 않음이
세상 만물 보는 만큼 보이지 않으니
보이는 것은 하나의 창

깨달음은 보이지 않는 것
밤하늘 뜬 별에 보이지 않는 허공
함께 어울려 한 우주이다

산만큼 보이지 않는 죽음
삶 속엔 그간의 생멸이 있다
이데아 보이지 않는 세상
세간과 출세간, 이편과 저편
이면엔 보이지 않는 세상

생겨난 만큼 생기기 이전
나타남, 이전의 보이지 않는
보면 전부일 줄 그 전 세상은 잊고

내 몸 안에 영과 혼
큰 그림에 작은 그림
전부에 부분이, 부분에 전부가 숨어 있다

할머니와 모자 쓴 소녀가 함께 있어
한 그림이 있으면서 없고,
없으면서 있는 경계선을 같이하는
보이면서 보이지 않는

보이는 만큼 보이지 않는
함께 있는 한 세상이다

신은 텅 비었다

태초에 말씀이 있었다
빛이요 진리요 생명이다
세상 보편적 진리
신이 세상에 나타남이라면
신이 '만들어 냄'이고

텅 빈 공허한데 묘한 진공묘유
공허하고 적막함에 영감의 지혜
우주 궁극적 진리
텅 빔은 우주적 생성 이치이다
본래는 '있음'이다

신은 텅 빈 비어있어 묘한 작용
없기에 생겨나고
비어있었기에 나타나는
있음에는 신의 작용이
없음에는 본래 비어있음이

있음과 없음이 일체
거대하게 비어있어 신이라 한다.

詩作노트/ 가톨릭은 '보편적 진리'라는 뜻이다. 반면 불교는 '우주의 궁극적 진리'라는 어떤 이의 글이 눈에 띄었다.

남 눈치

내 안에 남을 보는 마음이 있다
남을 보는 내 마음 항상 위태롭다
눈치인가 남 생각의 올가미
자기중심을 잃고 종속
남을 안다는 망상은 미혹된 착각

타인 마음 보려는 멈춤이 평정심
마음을 보려는 순간 하나의 허상
속은 볼 수 없다

보기를 멈추면 갈등 분란이 그친다
마음의 눈을 떠 신비를 느끼면

남 보기를 그치고
자아에 머물며 본성을 보는
우주와 자아의 합일

희로애락 들뜸은 찰나의 나타남
남 마음을 내려놓아 자연에 귀의
화합되어 하나이다

남 눈치 안 보고
남 생각 짐 내려놓으니 평화다

고등어 밥상

무슨 인연인가 밥상에

태평양 한가운데 제주 앞바다에 놀던
엄마 알에 아빠 정자 뿌려 꼬리가 쑤욱
어느 날 고기 잡으러 간 어부 그물 인연되어 살신성인
육지에 올라 내 밥상 위

푸른 빛 등살에 어린 기억 가득한데
무조림 구이로 공양하여 내 밥상에 드러났네
옛날 먹던 기억
바다 한가운데 놀던 모습 선한데
다시 만난 인연 반갑다

가을 결실 흰 쌀밥 또한 인연이니
어느 마을 어느 논에서 자랐는지
농부 땀방울 스며있어
어찌 밥상에 함께 오르는가
논에 자란 네 고향 한 농부 생각한다

세상 만물 농부 어부 땀내 나는
나와 인연된 '고등어 밥상'이 맛있다

내 시를 쓴다

나를 남기려 시를 쓴다
은유 되어 기억될 이야기
한 생각이 추억

인연 되어 나타난 한 생각
잊지 않으려 시를 쓴다
억지 부리지 말고
자연스럽게 생각나는 대로

내가 바라보는 만큼 시를 쓴다
보는 관점 그대로
보이는 만큼 쓴다

지난 내 모습 담겨있는
오직 하나인 내 생각
자아와 우주가 하나 되는 영감

자전과 공전 돌면서 도는
이중성과 동시성 일체를 꿰뚫는
한 편의 시
내 영감을 쓴다

거짓 프레임

뒤집어씌우기가 전략
흑색 비방과 내로남불 범람한다
혹세무민 선동하여
미혹 세상 유혹 한다

내가 적임자 너는 범죄자
평가와 심판을 외친다
거짓말, 이 또한 지나가리
진실은 덮어지고
똥 냄새만 진동하는
이 세상 지금은 정치판이다

프레임 전쟁이다
언젠가는 밝혀질 진실
그전까지만이라도 거짓이다
들통나면 몰랐고 시치미
진실은 하나인데 거짓말은 수십 가지

거짓말 전쟁이다
흑색선전 마타도어 중상모략
근거 없는 사실 조작
인의예지 양심 없고
싸가지없는 괴물들의 싸움
마녀사냥에 주홍 글씨
쿼드러플 위칭데이 마녀가 날뛰듯
세상이 어지럽다

뒤집어씌워도 한 줄기 빛은 새어나고
거짓에 진실이 나타나면
똥구덩이 싸움이 끝나려나

분별을 벗다

분별을 하면 유식하다
사회 자연 문화에 분별이 지식
분별을 벗어나면 자유롭다
여유이며 온통 하나다
하나엔 선택 갈등이 없다

태어나 눈 뜨면서 분별이다
죽어서 저세상은 무분별
살아서 분별한다
꿈속에 찾아온 부모님 생생하지만
눈뜨면 허상

눈 떠서 분별은 인식이다
과거 인연과 경험이 지금의 분별
분별은 차별로 변한다

자아의 분별은 자신을 드러낸다
오감 생각과 말 행위가 생겨난다
분별을 벗으면 없다

인간은 분별하다 간다
벗어나 보면 새로운 세상
보이지 않는 무분별 세상에는
내가 없다.

신비를 본다

물질과 지위 가치지향
모두가 가지는 소중함
소중함은 가치관
앎보다는 깨달음이 소중하다

지식과 지혜는 철학의 기초
늙음과 경륜, 통찰과 영감이 지혜
날마다 소중히 하며 가꾸듯
지혜는 날마다 새롭다

상호 상생 물질과 지위
이 또한 가치지향 지혜와 함께 한다
깨달음으로 본질에 다가 간다

나타남을 초월하는 사유
보이지 않는 본래면목의 견성

새롭게 태어나 새롭게 본다
육체의 생겨남이 아니라 사고의 전환
깨달음은 신비를 본다

나는 없다

나는 정말 없다 사견을 내지 말자
나는 없다, 무아다

수많은 스승의 가르침 나는 없다
본래 없다.

찰나 인연된 나, 나는 없다
있어도 없는 척 이름조차 잃어버린다

에고의 거죽 벗어 우주와 하나가 되는
나는 없다

내가 없어 남이 없고 세상과 하나 된다
다툼 갈등 번뇌도 사라지는
나는 없다

왜 그토록 나는 없다고 했는가
무상-고-무아의 가르침
나는 없다

오늘 내가 없기를 바란다
비어있음에 들어 적막하다

지구의 인류

지금까지 사람 몸 받아 살다 죽은 이가 2,000억 명
인류 시초 기원전 100만 년 전에 12만 1천 명이 살았고
기원전 30만 년 전에 100만 명이 지구상 인류 인구수다

기원후 1년엔 1억 3,300만 명이 인류 사람이었고
1,000년에 3억 9,000만 명
1800년에 10억
1900년에 20억
내가 태어난 1960년에 40억 인류의 인간이 살았다
2000년엔 60억
2020년엔 80억의 인간이 있다
2037년에 90억
2057년에 100억의 인구가 존재할 것이다

지금 2024년엔 81억 2000만 명의 인구다

그간 인류에 2000억 명의 사람이 세상에 왔다 갔다
붓다도 노자 공자도 소크라테스와 예수
칸트와 니체도…
세상에 왔다 갔다

과거에 인류가 있다
지금도 앞으로도 인류는 살아있다
나에게 인류는 길어야 100년
20세기 21세기를 걸쳐 있다
100만 년 전부터 유전되어 온 영혼이 있고
올해엔 더 많은 사람이 두 전쟁으로 세상에서 떠났다

지금은 비행기 타고 TV 영화 인터넷 스마트폰으로 산다
나는 지금 시를 쓴다

이중성의 지혜

태초 말씀이 있었으니
빛과 진리요 생명
어둠 속 빛이 지혜

의식하는 놈을 의식하는 놈이 누구인가
내 안에 유전되어 묘한 흐름

밖을 향한 자신의 눈, 안으로 돌려 자기통찰
공적영지 진공묘유 영적 존재의 깨달음
오온개공이 최고 지혜
본래 비어있음에서 인연 되어 생겨난 세상 만물

저 너머 신비 세상
색즉시공 있음이 없음이며 없음이 있음
동시성과 이중성으로 공존하는 일체

서 있는 위치마다 풍경이 다르고
일체성의 온전한 관념
한편에 기울어짐 없이
중도의 관점을 깨닫는

있는 것도 없는 것도 아닌
실상도 허상도 아닌
본래 그냥 있는 그대로를 보는
없음과 있음을 보는 눈

이 세상 두 가지 '이중성'을 이루는
신비를 깨닫는 것이 지혜다

아름다운 세상 소리

겨울철 얼음장 밑으로 물 흐르는 소리
깊은 동굴 속 어디선가 떨어지는 낙수 소리
퐁퐁퐁 퐁퐁퐁
더운 여름 시원한 폭포 소리
남도 해변 몽돌 차돌 파도에 휩쓸리는 소리
쏴악 쏴악

한여름 소낙비 천둥소리
장마철 태풍 비바람 소리
불어난 계곡물 쏟아져 내리는 소리
어느 여름날 갑자기 우박 떨어지는 소리
연못에 핀 가시연꽃밭 폭우 소리

억새와 갈대밭 바람에 이는 소리
가을철 벼 이삭 부딪치는 소리
싸리비 절 앞마당 쓰는 소리

겨울철 얼음장 깨지는 소리
할아버지 잔기침 소리

어느 누가 만드는가
어느 누가 듣는가

아름다운 세상 소리

자장면

검게 덮어쓰고 향기 내며 기다린다
어릴 적 엄마 손 잡고 계 타던 날
동네 사람 모여 잔치 벌이던
어릴 적 기억

문뜩문뜩 기억 속에 나를 잡아당기는
가끔 실망하던 그 기억
옛날 맛이 아니다

초등학교 졸업식 날
친척도 함께한 자리
특별한 기억으로
몰아가는 향내

한때 배고픔을 달래던
허겁지겁 순식간 없어지던
굵은 면에 검게 덥혀
아직
입맛을 돋운다

제4부 초월하다

달팽이 뿔
본바닥 마음
예술가
물음표
닮는 자식
여의도 섬
뻥튀기
관악이라는 산
초월하다
한낮의 달
살부살조 가르침
어린아이의 영
봄 소풍
흐르는 강물
적정에 든다

달팽이 뿔

내 집 등에 지고 느릿느릿 길을 나선다
갈 곳 몰라 여기저기 살핀다
한 몸에서 난 두 눈이
이쪽 눈은 이쪽, 저쪽은 저쪽

좁은 공간에서 다툰다
이쪽이 맞다 저쪽이 맞다
같은 집에 살며
같이 움직이는 몸이지만
서로 맞다 고 뿔을 세워 부딪친다

제 눈 다쳐 앞 못 볼 줄 모른 체
뿔도 아닌 것이 뿔인 척
도토리 키만큼 자란 눈이건만

높은 뜻 가지고 멀리 보면 하나인 걸
가까이 보아 둘인 줄 착각하여
무거운 집 진 한 몸인 줄 모르고
서로 싸운다

본바닥 마음

우주의 묘한 흐름
내 마음에 마음자리 되어
고래부동이라 그냥 그 자리에 있기를

바다 위 바람 불어 물결치듯 일어나는
한 가닥 마음 '마음 결'이 되고

부는 바람에 찰랑대는 파랑이 되고
거친 바람에 파도가 되어 솟는
밖으로 나타난 '마음 씀'은 철썩철썩 소리를 낸다

달빛 아래 잔잔한 폭풍우에 거친 파도
본래 바닷물이 여러 모습 되어 나타나는
내 '마음씨'이다

그냥 그대로 본래 모습 바닷물이여
그 모습 거대하고 드넓어라
본래 있던 본바다 '마음 자리'
구름과 바람에 마음 결이 일고
거칠고 잔잔하게 나타나니
파랑주의보 거친 파도 마음 씀이 된다

본래 바닷물은 마음자리
바람결에 인연 되어 마음결을 이루고
일어나 마음 쓰니 마음 씀
그 모습 나타나니 마음 씨다

지금 바닷물은 물결되어 일렁이지만
본바닥 위 출렁임인 걸
부처님 손바닥 위

내 안 마음자리 어디에 있나
본바닥 그 자리 그대로이건만
아직도 찾는다.

예술가

아름다움을 추구하는
아름다운 소리 멜로디
아름다운 색깔 한 폭 그림
아름다운 몸 멋진 몸매 움직임
아름다운 연기 감정이입 연기자

그리고
아름다운 마음, 사랑과 순종 배려
아름다운 글, 시 소설 수필

심미안 아름다움 추구하는
아름다운 생각 실천하는 사람은 예술가
음악가 화가 시인과 소설가 철학자
세상의 신비를 오롯이 한 몸에 간직한 채
세상에 드러낸다

연주할 줄, 그릴 줄, 쓸 줄 모르고
예술가 신비를 관조하며 즐기는
예술가의 신비 아름다운 소리 그림 연기 글
바라보는 나는 관람자
넘어서 신비 속으로 들어가
그렸다기보다는 신기하고 신비한
예술가를 본다

어떻게 저럴 수 있을까?
마음이 움직여 감동이 전율하는
아름다움이 신비다

물음표

궁금증, 인류 발전의 시작
이것은 뭐지 하는
의문을 품는 마음의 호기심
태어나서 가지는 생각
바로 이건 뭐지?

궁금해하는 마음
사유의 시작 통찰의 실마리 감탄의 결과
의심으로 시작되는 생각이다

블랙박스?
들여다볼 수 없는 숨겨진 비밀에 호기심
의심은 호기심 물음표이다

이건 뭐지? 하는 화두
끝없이 이어지는 물음에 끝닿은 곳 공허
분별이 무너져 하나이면서 시작되는
새로운 분별이 깨달음의 시작

물음에 물음 또 물음
생각을 이어 끝닿은 곳
한 생각 생겨난 근원
조건과 인연으로 나타난 의문은 물음

물음을 떠나 머무는 곳
적막한 공허 변치 않는 비어있음
물음이 다한 지경
텅 빈 허공

닮는 자식

내 등 그림자를 보고 자라는 자식
내 모습을 닮고 내 말투를 닮고
내 취향을 따르고
저 너머의 나를 보고
알지 못했던 나를 자식을 통해 본다

자식이 걱정이다
유전자를 받아 크지만
외모는 닮으나 속은 딴 판
또 다른 개체가 되어 큰다

자식은 희망
대신해서 내 꿈을 펼쳐준
자식이 삶의 성적표
사람마다 다른 성적표를 받는다

자신이 몰랐던 젊은 시절
자식이 젊다,
세월이 흘러 알려주려 해도
옛날 모습 옛 시절을 생각나게 한다
같은 유혹에 빠져 허우적거린다
세상 삶이 같은 자식을 본다

삶이 다른 자식이 지금 함께 산다
나와 같으면서 다른 삶
어린애이면서 어른이다
이제 내 자리를 내어준다

젊은 날 열정과 용기도 함께 비운다
자식에게 물려주는 세상이다

여의도 섬

서울 한강 한가운데 쌓인 모래톱
수억만 년의 퇴적으로 생겨난
속살이 하얀 모래로 가득하다
그 위에 집을 짓고 사람이 산다

윤중로 봄날 벚꽃으로 가득하고
둔치엔 젊음이 넘쳐흘러
멀리서 보며 옛날엔 너섬이라 불렀다

아수라장 텔레토비는 아직도 아우성이고
이상한 사람들이 머무는
그곳에 정치가 있고

다리로 연결되어 왕래하는
한강 큰 폭에 마포 원효 서강 대여섯 개 다리가
'턱' 하니 걸쳐 있어 사람들을 실어 나르니
섬이 아닌 많은 왕래가
폭우로 막히면 섬이다

이곳 여의도에 봄이 왔건만
지금 춘래불사춘이다

뻥튀기

부풀어진 세상
뻥튀기 세상
세상은 실제보다 크다
실제보다 크게 해서 눈에 잘 띄게

실체와 다른 착각 속에 산다
뻥튀기 세상
안 보이게 거짓하고
진실이 숨겨진 세상이다

과자 같은 뻥튀기
본래보다 크게
잘 보이고 잘 나타나게

실제보다 부푼 세상에 산다
작은 것이 크게
실체의 왜곡이며 뒤틀린다

'뻥'
소리와 함께 생겨난다

관악이라는 산

산은 산이 아니요 산이 아니 것도 아니요
그 이름이 산이라는 관악산

산은 산이라는 옛 그대로의 산
이름이 있어 산이고 이름이 없으면
산이 아닌 산
사이사이엔 봉우리가 팔봉
계곡엔 물 고인 웅덩이 선녀탕

이름 지어진 산엔 이유가 있다
삿갓 모양이라서 '관'
돌이 많아서 '악'이라 하고
해발고도가 632m
관악이라 옛날이야기를 품은 산

힘들어 오른 산이
이름은 '관악'이지만
올라가는 발에 밟히는 흙과 바위
바라보는 나무가 '관악'이라 이름 지어
둘러싸였다

오늘도, 옛날 누군가 올랐던 산
원효 의상 무학대사가 올랐던
경기 오악 중 하나인 바위산

삿갓 바위산 관악이라 이름 붙여진 산을 오른다

초월하다

이편의 넘어선 저편
어둠 속 헤매다 벗어난 세상

너와 나 분별에서 벗어나
본래의 세상과 하나가 된
선과 악의 분별 이전 부모미생전 세계
벌거벗은 세상 최초의 낙원

한 생각 돌이켜보면
눈에 걸리고 귀에 받치고 마음에 부딪혀
번뇌를 일으키지만
일체가 본래 무일물 아무것도 없다

몸도 본래는 없는
있는 가운데 없으며
없는 가운데 있는 몸과 마음
모든 존재의 실상

명예 재산 부귀공명
중생과 부처는 깨달음의 미혹
도대체 무엇이 있는가
아무것도 없다.

깨달음은 넘어서는 초월
세상에는 돌아갈 '본래'가 있다

한낮의 달

존재는 하나 실체는 없는
지금 나에게 없다
반대편에는 있다

낮에는 없다
밤에만 생겨나는
반사되어 나타난다

빛이 없다 세상 만물 사라지고
빛을 있어 생겨난다

마음에 빛이 없어 무명중생
본래는 있다
빛이 있어 생겨난 지혜다

존재는 하나 실체는 없는
내 마음속 지혜

깨달음이 있어 생겨난다
망월견지 한낮 가리킬 달이 없어
애꿎은 손끝만 보고
보이지 않는 달은 저편에 있다

빛이 있어 세상이 생겨난다

한낮에 달
존재는 하나 실체는 없는
밤에 생겨났다
새벽에 사라진다.

살불살조 가르침

배움에 집착하지 말라
스승의 가르침에 집착하면
그 이상을 뛰어넘지 못하고 굴레에서 머문다

앞선 지식의 가르침에도 집착 구애받지 마라
견성성불 스스로 증득해야

부처를 만나면 부처를 죽이고
조사를 만나면 조사를 죽이라는
부처와 조사에 집착하면 분별에 그친다

오무간업(五無間業)
무간지옥에 떨어질 다섯 가지 큰 죄
집착에서 벗어나라는 것으로 임제 의현의 큰 뜻

해탈득도의 경지에
스승 가르침 경계에 끄달리지 말고
진정한 해탈 경지에 걸림이나 장애가 되지 말라는
진정한 깨달음이란 경계가 없는 것
대상 경계에 부딪혀 끄달리지 말고
강을 건너서는 뗏목을 버려야 하듯

살불살조 경지는 멀지만
어미 닭과 알 속 병아리
안팎으로 껍질 조음에 갇힌 알 벗어나듯
새롭게 태어난 스스로의 깨달음
고정관념 구애 말고 스스로 깨우쳐야

청출어람 스승을 초월하고 자기만의 깨달음
살불살조 결기로 정진한다

수줍게 나만의 세상을 깨닫는다

어린아이의 영

어린아이가 신기하다
나이 들어 어린아이를 본다
아이들의 머릿속은 무슨 생각일까
어떻게 생각할까

머리는 텅 비어 있다
허공 우주의 영이 들어선 지 얼마 안 된
아빠 엄마 유전자 받아 몸은 만들어지고
머릿속은 신비한 영으로 가득하다

본래 고향의 모습을 지닌 인간 태초의 모습 그대로
수천 년 전 인간 아기의 모습
신비함이 그대로 어린아이는 태어난다

어린아이는 신비하다
하느님 영 우주의 법이 담겨 있다
분별없이 울고 웃고 움직인다

어린아이들이 자란다
생각하고 자아를 만들고
말 배우기로 뇌에 언어회로가 만들어지고
영은 어두워지고 자아가 자란다

어린아이가 웃는다
신비하고 순수한 본래 영
어린아이의 눈을 들여다본다

봄 소풍

봄 소풍 놀러 간다
초록이 푸르른 날에 간다
초등학교 어제 엄마가 사 온 배낭에
김밥 사이다 과자를 넣어 등에 메고 소풍 간다

소풍 간 날 먹지도 않고
동생 생각이 배낭에 남겨 온다
와서 다시 꺼낸다

인생 소풍 왔다
젊은 날 소풍 왔다 다 즐겁지 못하고
슬퍼서 돌아간다

미련 회한을 안고 돌아간다
세상에 들어와 펼쳐진 인생
제대로 피지 못한
그땐 그랬다 다 피지 못했다

봄 소풍에 미련이 남는다
찾지 못한 보물찾기 쪽지
다 마시지 못한 음료가 아직 남았고
과자도 반쯤 먹었다

인생 소풍은 아직 즐겁다
어릴 적 소풍도 그랬다
뒷동산 진달래가 아직 선하고
보물찾기 중 만난 꽃은 아직 이쁘다
내 안에 활짝 피어
봄 소풍이 설렌다

흐르는 강물

물이 아래로 흘러 좋다
때는 때 대로, 물은 물 대로 길이 다르다
거슬러 올라가지 않는 강물
살아 거슬러 오르는 연어
물은 아래로 흐르고
물고기는 거슬러 오른다

강물이 아래로 흘러
바다에 이른다
가장 낮은데 머문다
물이 흘러 목적된 바다

모두를 수용한다
옆에서 흘러드는 샛강도 함께 한다
모이고 모여 한 강을 이르고
흐르고 흘러 넓은 바다

아래로 흘러 상선약수
겸손해서 아래에 머문다
마음이 커 모두를 포용 한 줄기 한 강을 이루고
태평양 가운데에 모은다

옛날 봤던 한줄기 물이 흘러 흘러
세상에 나선다
세상 물 아래로 흘러 착하다

적정에 든다

선정에 든다
우주 탄생 이전 세상으로 들어가며
부모미생전 이전 세상으로 들어간다

세상에 어떠한 것도 없다
본래가 무일물
묘한 흐름만이 있는 듯 없는 듯
눈은 감은 듯 뜬 듯
반만 떠 세상을 본다

아무것 없는 어둠 속
살아있어 움직이는 묘한 의식
없는 듯 있는 듯
어느 한 편에 머무르지 않는
나를 벗어나 바라본다

분별을 벗어나다
허공에 때 낄 일 없다
본래가 없다

제5부 진실과 거짓

벼랑 끝 한 발짝
성현의 가르침
고단한 삶
하루의 기적
한계 효용의 법칙
시를 쓴다
진실과 거짓
역설
살아서 가보자
내비게이션 길
명과
민들레꽃
정교함에 神이
알을 깨고 자아를 벗다
작은방 색시

벼랑 끝 한 발짝

천 길 낭떠러지 벼랑 끝에 선다

끝자리에서 무슨 생각을 할까
떨어지지 않기 위해
끝닿은 곳

한 발짝 더 디딜 자리 없다
떨어져 영원한 자리
무원고립 아무도 없는
홀로 서 우뚝 솟은 바위 끝

떠밀려 떨어질 건가
한 발 더 디뎌볼 건가
어둠 속 세상살이

조심스레 한 발짝 내디딘다
본래에 든다

詩作노트/ 중국 오지 산속 부족의 양쪽 낭떠러지 길 3,000m 의 끝에 선 영상을 보며 느껴 본다.

성현의 가르침

큰 가르침
너무 커서 세계 일가를 이룬
마음을 의지하고
믿음을 주며 수행과 실천의 가르침을 받는다

천국과 사랑
본래 마음과 자비
선정과 지혜를 이야기 한다

착한 일을 말하고 깨달음을 전하며
옛 성현의 나타나심을 기억하며
전하여 가르치는 말씀이다

종이 되어 순종하고 찬미하며
믿음 깨달음에 주인 되어 세상에 당당하다
세상에 가장 큰 의지처
기대어 산다

자귀의 법귀의
하늘에 귀의, 믿음에 의지하고
본래에 귀의, 깨달음에 의지하는
성현의 큰 가르침

믿음의 종이 되고
깨달음에 주인 되는
기대어 예속되지 않는
스스로 존재하는 마음이어라.

詩作노트/ 평소 동서양 초월적 본질적 사고의 중심에 있는 주인됨과 종됨을 너머 실천하는 종교관으로 어느 한 편에 집착하거나 머물지 않고 세상과 함께 어울려 스스로 존재함을 믿고 행하며 깨달아 행하는 종교의 마음이다.

고단한 삶

사람 몸 받아 세상에 난다
수천억 경쟁 맹구우목 신비로 나와
세상에 한 개체를 이룬다

몸과 정신 성장하여 자아를 이루고
이름 받아 나인 줄 알고
세상에 혼자인 나
지금 세상 속에 산다

인연 속 사람들과 함께 산다
혈육 친척 친구 동료 어른들과
옛사람 성현이 전해지는 사람들과 함께 있다
배우고 익히며 일하고
사람 사이 부딪쳐 산다

울고 웃고 즐겁고 괴로운
돈에 구애되고 사람에 구속되며
자신의 생각 사고에 얽매여
유혹되고 끄달리며 미혹되어 산다

누구는 나무처럼 살고
경쟁 속 약육강식 강자와 약자가 되고
어느 때는 태평성대 평화를 누리며
자신의 행복을 추구한다

일모작 이모작 삶
성장기 전성기 쇠퇴기를 거치며
고단한 삶은 흘러만 간다

詩作노트/ 세계시민 일모작 이모작은 옛날에 없던 어휘들이다. 고단함의 정도가 옛날과는 다른 요즈음의 삶이다.

하루의 기적

신비로운 일이다
있을 땐 모르지만 없으면 고마움을 아는
없는 걸 다시 일으켜 세우는
다시 보게 하고
다시 걷게 하며
다시 살게 하는

앉은뱅이 일어나 걸어가는
신비의 기적이 하루이다

아침에 일어나고
세수하고 밥 먹고
지금은 있기에 모르지만
없는 이에게 일어나면 기적

매일 기적 속에 산다
숨 쉬고 뛰어놀며 말하고
생각하는 신비의 기적

숨 쉬며 일어나는 호흡
먹으면 소화하는 위장
내 몸 안에서 일어나는 하루하루의 기적
신비이다

일상의 신비와 기적을 모른 채 산다
하루가 신비
부모와 자식이
세상 만물이 신비이며 기적이다

히말라야산, 북극의 오로라, 봄날 진달래꽃…
보이는 것은 신비이고 기적이다
내게 언제 끝날지 모르는 경이로움이
오늘 하루 계속된다.

한계 효용 법칙

처음엔 첫 경험 신비
쓸수록 시들 지겨워진다
익숙해지면 가치가 줄어든다
입맛은 간사하다
이 집 저 집 맛 집을 전전한다
어제는 단골이나 오늘 다른 집
삼시세끼 같은 걸 먹으면 질린다
입맛이 익숙해지고 감각이 무뎌지고

보고 듣고 먹는…
처음이 최고 익숙해지며 지겹다
첫 키스의 첫 경험

삶도 효용한계
태어나 세상이 신기하지만
살면서 익숙해지고
그리고 시들하다

신비는 효용체증
체험할수록 더 신비하다
묘한 흐름이며 예수 부활 기적
우주 공간 떠 있는 지구
무한히 사라지는 블랙홀
신비 체험은 또 다른 신비
물음은 커져만 간다

효용체감은 경제
효용체증은 신앙
서로가 한계효용법칙

체험할수록 작아지고 커지고
줄어들고 늘어나는
오늘도 한계 효용을 찾는다.

시를 쓴다

사람들은 눈이 있어 사물을 본다
정확히 잘 보이는 시각
위아래 좌우의 관점을 살핀다
사물을 자세히 보면 현미경
멀리 보면 망원경
빛의 각도에 따라 달라지는
빛의 시각을 살피는 미술가

갖춘 안목은 가치관이다
성능 좋은 카메라
꿰뚫는 통찰이 안목이며
누구 눈에는 띄고
누구 눈에는 안 보이는
똑같지 않은 눈
보이지 않는 것을 보고
미래를 보고 본질을 보는
통찰과 영감이 감성

詩는 절간의 말
느낌과 영감의 자기 메시지
느껴지는 시어
마음과 느낌의 발견

봄날의 정취
가을 낙엽을 보고
세상 신비 사람을 생각하며

초월의 시각, 신비 통찰로
한편의 시를 쓴다.

진실과 거짓

진실에 약간의 거짓 더 진실되다
진실은 거짓으로 조작
거짓으로 진실을 만든다
인터넷 세상 댓글부대

거짓이면서 진실
진실이면서 거짓
약간의 거짓이 진실
약간의 진실이 거짓을 만든다
진실 안에 거짓
거짓 안에 약간의 진실이 있어
진실은 어디까지일까

인터넷 댓글 만들고 만든다
진실이든 거짓이든 가짜뉴스
은밀한 의도가 숨어있는
정치 경제 전쟁의 판을 바꾸는
기묘한 전략 전술이다

머릿속은 가상세계
진실과 거짓이 함께 존재하며
머릿속 인터넷이 지배한다

매트릭스 안으로 들어간다
실상과 가상, 실체와 허상,
진실과 거짓
인간의 머리에 그 안 세상이 있다
머릿속 가상세계이다

詩作노트/ '댓글부대' 영화를 보고 SNS상 거짓과 진실 사이 실체와 허상의 묘한 감정을 느껴본다.

역설

작은 모양으로 큰 모양을 이룬다
멀리서 보면 하나
가까이 보면 여럿

부처는 하나인데
털구멍마다 부처가 있다

화살이 일직선으로 날아간다
사실은 꼬불꼬불

뱀인 줄 알았는데
아침에 보니 새끼줄
한밤중 산속 귀신인 줄
정신 차려 보니 성황당 나무

태양이 도는 줄
사실은 지구가 돌고
내가 가는 줄 알았는데
앞의 차가 간다

도는 역설
알고 보면 허당 알고 나면 황당
나인 줄 알았는데 내가 아니고
참인 줄 알았는데 거짓

깨달음은 역설이었다
멀리서 보고 가까이서 보고
깊이 보아
사고 전환이 역설이다

살아서 가보자

일체 만물이 그냥 그대로 있지 않고
항상 변한다
그 안에 생성과 소멸의 고통
살아있는 생명체의 숙명

생각이 많아진다
멸종하지 않기 위해
고통받지 않기 위해

나는 없다 이름을 잃고
생기기 전으로 돌아간다
이름 없는 세계에 든다

본래 없었던
어떻게 재수 좋아 생겨난
그 인연 잘 누리며 산다
이젠 돌아가리 내 본래 자리로

살아서 가보자

내비게이션 길

예전에 가던 길
다른 길을 알려준다
새로운 길이 생겼나
믿고 간다

지도를 보며 달렸던
그 길이 네 안에 있어
너를 본다

어디를 가든지
가보지 않은 길
이젠 안 가 봐도 안다

세상 어디든 간다
저 위 하늘에서 네가 본다

명과

누군가 맞춘 입맛
이어진 전통
옛사람도 좋아한
그 모습 그대로
내 앞에 있다 날 기다린 듯

장인 손길 그대로
옛날 비법 마법에 걸린 듯
몇백 년 변하지 않은 모습
옛사람 만난 듯

다음 세대
내 마음같이 반가울까
그때에도 같은 모습이길
변하지 않길

민들레꽃

길가 자그맣게 핀 꽃
보일 듯 말 듯
멀리서는 없다가
가까이 다가오면 내미는 얼굴
웃는 얼굴이 반갑다

들풀 오솔길에 환하게
숨어있다 바람결에 드러나고
수줍은 듯 다소곳하게
머리를 내민다

노랑 얼굴이 풀밭에서 빛나고
지나가는 나그네에 인사
'날 봐줘요' 눈길이 멈춘다

봄날에 꽃잎 지면
홀씨 되어 세상 멀리 날아라

정교함에 神이

"악마는 디테일에 있다"
디테일은 작용하는 힘
신비는 디테일에 숨겨있다
디테일 작용으로 세상을 이룬다

이번 선거에 졌다
앞으로 좀 더 정교해지겠다
The Detail은 묘한 조합
부족하면 실패

자연은 정교하게 일한다
한 치의 오차도 없이 작용하는
정교함이 神

국가의 수준은 정교함이다
법 예술 문화의 가치는 정교함이 숨어 있다
신비를 이루고 형태를 이룬다

자연에 정교함이 있고
과학이 정교함이다
숫자의 정확함, 수치의 정교함
정확하고 치밀하며 정밀하고 교묘한
인류 사회 과학은 정교함의 발전

"디테일에 신이 있다"
정밀함을 보는 눈이 통찰
성현의 눈 철학의 눈 과학 예술의 눈이
세상을 꿰뚫는다.

알을 깨고 자아를 벗다

세상에 나오려 스무날을
안에서 팔다리가 만들어지고
세상 나오려 껍질을 쪼는

안에서 쪼고
밖에서 쪼아서
알을 깨고 세상에 난다

어미가 쪼아서 구원이고
새끼가 쪼아서 해탈
알에서 벗어난다

안에서 자력 수행
밖에서 타력 구원으로
세상에 새롭게 난다

자타가 인정하는
세상 최고 구원과 해탈
하늘의 은총 안에 나의 기도
수행 속에 붓다의 가피

알을 깨고 자아를 벗어나
새로운 세상, 하늘을 본다

작은방 색시

우리 집 작은방 부산 색시가 들어왔다
이른 아침 콧노래와 함께 빨래를 한다

조용필 1집 돌아와요 부산항
카세트테이프에 노래가 흘러나오고
옆방 색시는 흥겹고 행복하다
우리 집 작은 방

아침 출근한 남편
난 보진 못했다
새색시 젊은 부부 옆방에 살았다

젊은 부부 행복한 줄 몰랐다
저녁 소곤소곤 작은 소리 들려오고
옆방 젊은 색시, 내 이웃이었다

어릴 적 작은 방 예쁜 새색시
보면 기분 좋았던
어느 날 집에 돌아오니 안 보인다

제6부 내 마음속 천국

산딸나무
젊은 시절
저 너머 세상
어머니
봄바람 불 때
부부 인연
나의 회한
자화상
문득 깨달음
마음 세계
분별의 마음
내 마음속 천국
어린 왕자의 추억

산딸나무

넓적한 네 잎
사방으로 난
가운데 하얀 점박이 산딸기
나중엔 검은 씨가 된다

시원스레 펼친 네 잎
팔 벌려 품어줄 듯
날 생물에 휴식처

교차로 같은 균형을 이루는
인의예지 사대 잎에
보신각 종씨

너를 보니 반갑다

젊은 시절

자신에 갇혀서 산다
그간 경험 배운 지식에 구속된다
어른 부모의 경륜도 도외시
친구들 사이 형성된 의식
세대 차이이다

젊은 시절 난 몰랐다
처음 경험하는 사회 조직
이전과 다른 세상
에고만이 벽을 두르고
내 생각에 붙잡힌다

젊은 뭇사람들 허상에 이끌리어
유혹 넘어서지 못하는 한계
자신을 돌아보지 못하는
밖으로만 난 눈

젊은 시절 세상에 갇혀 산다
내 안에 남이 꽉 차있다
남의 말과 눈치에 집착
세상 속 시절이다

요즈음 젊은이를 본다
어린 시절 자신 모습
젊은 시절은 자의식 덩어리

이제야 보니 젊은 시절은 벅찼다

저 너머 세상

어차피 간다, 저세상 너머
살아서 가보자
저 너머 세상

안 가려 해도 세상 떠돌다
본래 생겨난 그곳이다
연습 삼아 가보자

몸은 아직 없고
靈만 본래가 있는
눈 떠서 그곳에 가보자

만들어진 이곳 세상
본래가 아닌
잠시 머무는 곳

지금 저 너머 가보자
살아서 가보자

벗어나자 이 세상 번뇌 고통
깨어서 내 안에 평화
자아와 우주가 하나다

어머니

날 낳아주신
한 짝이 한쪽을 잃고도
자식 때문에 산다
그랬지, 옛날엔

지금 부모가 된 나
혼자인 엄마 얼마나 힘들었을까
이제야 조금은 안다
힘든 세상이었을…
눈물이 난다

억울한 인생
고생하다 보니 어느새 흰머리
큰 낙인 자식
지난 그 시절 보상이나 될까
자식 걱정 엄만 늘 그 자린데

아프지 말고 건강하게 오래 사시길
마음속 안타까운 마음
간절히 기도한다

봄바람 불 때

얼었던 마음을 녹인다
움츠렸던 새싹
세상에 고개를 내밀며
생명의 기운이 돋는다

삶에 부는 훈기처럼
대지의 생기를 돋구고

반기며 꽃을 피우고
향기를 흩뿌리며
봄을 맞는다

산에 부는 봄바람
하늘을 날 듯 마음이 부풀고

봄바람 부는 때에
생명의 봄씨를 뿌린다

부부 인연

병 주고 약 주고
서로 많은 일을 한다
스트레스를 주고받고
뗄 수가 없다

서로 같으면서 다른
사랑하면서 미워하고
동전 앞뒷면 양면성 이중성의 일체
자연의 섭리

남이 모르는 것을 알지만
아는 것은 모르는

만남의 인연은
젊은 날의 신비

미워하래야 미워할 수 없고
사랑인 줄 모르고 사랑하는
한평생이 신비

그래서 하늘이 맺어준다

나의 회한

마음속 다짐
살면서 많은 다짐이었지만
수포로 돌아갔다

잘하고 싶었는데
미흡한 회한
성공하고 싶었는데
실패한 어리석음
사장이 되고 싶었는데
못된 아쉬움

작은 희망과 용기가 힘이 되어
산 삶이 지난 일
아직 못 이룬 회한
평화롭고 행복하게

모두에게 유익하게
화합하여 아름답게
삶을 마치길 기도한다

자화상

한번 그려보고 싶다
어릴 적 모습
젊어서 상큼한
중년의 원숙한
노년의 주름진
이젠 잔주름이 보이고
흰머리 감추려 늙기 싫어 안달한다

내 얼굴 자화상
내 얼굴에 내 이름
그 모습으로 산 얼굴
밖으로만 보이는
속은 알 수 없는 얼굴이지만

자화상 얼굴이 창이 되어
속을 들여다 본다
아무것도 없다
내 안이 비었다

문득 깨달음

문득 지나가는 한 생각
오랜 시간 생각하고
깊이 들여다본다

홀연히 나타난 느낌
몸이 떨리고
전율한다

간절히 알고 싶었던 그 뜻
한참이나 헤맨 뒤
나타나 뒷머리를 친다

아무것도 아닌
언젠가 한 번쯤 생각한
그때는 몰랐던 뜻

그만두기 찰나 전
적막한 고요 속에서 인연 되어
머리를 스치는 영감

어두운 방 촛불 켜듯
환해진 머릿속
빛이요 밝음이고 찰나였다

그토록 숨어있던
공허 속 한 줄기 빛
빈 내 안을 관통하는
번쩍이는 깨달음

말론 전할 수 없는 영감
성령 체험
비어 있음 속에 든다.

마음 세계

팔만대장경을 한마디로 나타내는 말이
'마음 心'이다

마음은 있는데 내보이지 못한다
실체는 없으나 존재하는
내 안에 없으면서 있다
색즉시공

만들어지지만 본래는 없는
본래무일물
자신이 생기기 이전에 있던
그래서 알 수 없는
묘한 인연이 마음이다

세상 만물이 존재해도
내 눈에 없으면 없고
내 마음에 없으면 없는
마음이 모든 걸 지어 낸다

의식에서 인식으로 관념으로
믿음으로 존재하는 마음이다

내 마음 나도 모른다
탐진치 어리석음도 알아차리고
멈추어 바라보면
본래 마음이다

실체는 공허하고
묘한 흐름이 인연 된다

분별의 마음

마음속 마귀이다
신구의 삼업이 분별심
꿈속에 강간도 마귀 짓

마음속 많은 마귀가 있다
유혹하여 자신을 드러나게
분별하여 자만심 열등감 자격지심
이간질과 비난 비방 힐난과 반목은
마귀의 발동이다

분별 차별하며 무시한다
서로 할퀴며 싸우고
마귀가 발동한 아마겟돈

내 안에 마귀
본성을 가리게 유혹한다
시시비비 잘난 척 나서고
에고에 갇혀 탐욕한다

마귀의 유혹 속삭임
마귀를 알아차리면 깨달음
그렇게 멈추어서 보면 지혜다

멈추어서 깨닫는다

내 마음속 천국

아무 생각 없이 존재하는 세상이다
선악과 이전
살아있는 이에게 기억되는
선업을 쌓아 기운이 하늘에 닿은

마귀 같은 생각이 없는 세상
시시비비 다툼이 없는
하느님이 이끄는
분별하기 이전 세상이다

죽은 이 천국에 계심을 믿음이다
내 안에 모셔진
저 우주의 묘한 흐름과 같은
하느님이 계신 곳
영이 머무는

들어가는 손잡이는 있으나
나오는 손잡이는 없는
한번 들면 영원한
기억이 없어 백지같이 텅 빈

축복과 은총이 내려오는
평화를 주는
하늘나라
내 마음속 천국이다

어린 왕자의 추억

어릴 적 본 어린왕자

'코끼리를 삼킨 뱀'을 '모자'로 본다
어른들은 보이는 것에 쉽게 현혹되고
상상력이 부족하다
'아름다운 집'보다
'백만 불짜리 집'이
더 아름다운 어른은 돈에 감동한다

어린왕자는 순수한 영을 가진 아이다
자신을 고집하지 않는
가만히 들여다 볼 길 좋아하는
여우와 꽃과도 이야기 한다

어릴 적 어린왕자는 똑똑한 아이
이제 보니 어른보다 어른스러운
어린 철학자

본질을 들여다보고
지구 밖 초월적 사고를 가진
깨우친 아이다

어린왕자가 예쁘다
나도 한땐 어린왕자였다
지금은 어른이 되었다

에필로그

시집을 냈다. 시의 세계와 새로운 만남이다. 인문학에서의 은유와 역설의 묘미를 느낀다. 그동안 SNS상에서 글을 써왔으나, 이번 시인대학 10기에서 박종규 교수님의 숙제 시와 자유시를 묶어 시집 제목을 정하고 6부에 걸친 해당 시의 목차와 시 형식 작성 방법에 따라 완성했다.

서정시와 자유시로 평소에 생각한 詩想들을 정리하여 연상된 시로 차곡차곡 쌓아가듯이 한편씩 써가며 완성하였으며, 시의 제재로서 매미나 도토리 멸치 가시 등 실제 사물들을 보며 시어 발상과 이미지화 과정을 걸쳐 詩作의 완성도를 높였다.

詩作 활동은 생략과 가지치기, 관찰과 은유, 이미지화 훔치고 베끼기 등 실제 소재 예제 시 등을 활용하여 시 쓰기 방법을 배워, 작성과 퇴고를 반복하여 작성하였다.

교수님의 정열과 열정으로 완성된 시집이다. 오자와 문장부호 교정과 詩作 방법과 편집을 익혀 시집의 수준을 지속적으로 높였다.

은유된 시어들은 정말 많은 관찰과 영감으로 만들어진다. 상황과 자연에 시의적절하게 표현된 시어를 발견하곤 감동하여 전율하기도 한다. 그동안 시적 표현이 미흡하고 시어 수준이 낮았던 시인대학의 공부 초기를 생각하면 아직 부끄럽다.

이제 시인으로서 첫 시집을 낸다. 그동안 명상적 사유와 통찰이 초월적 감성의 시로 많은 사람들이 좋아하고 공감하는 시가 되길 바란다.

시인으로서의 감성을 일깨운 첫 시집이라 더욱 정감이 간다.

2024년 여름에
시인 전 병 렬

작가 전병렬 프로필

1960년 서울 신당동에서 태어났다.

배문고와 성균관대 산업공학과 경영학을 졸업하고
연세대 경영대학원에서 MBA를 취득하였다.

LG그룹 회장실과 LG전자, LG CNS에서
그룹 내 맥킨지 경영컨설팅, 경영진단과 LG IT정책,
SCM 업무혁신, 해외 아웃소싱 사업팀장 등을 역임하며

30년간 LG그룹에서 근무하였고,
퇴직 후 전략투자경영원 대표를 역임하였다.

이후, 가톨릭과 불교에 심취하여 동서양 초월적 세계관으로 명상과 자연, 통찰과 지혜, 우주와 자아, 비움과 충만으로 SNS상에서 소통하며 글을 쓴다.

현재는 송연경영연구원 및 공인중개사사무소 대표로 재임 중이다.

이번에 시인대학 10기를 수료하고
대지문학 동인, 대한민국지식포럼 정회원이며,
저서로는 『존재는 하나, 실체는 없다』라는 수상록을 출간 예정이다.

보이지 않는 세상

초판 인쇄	2024년 06월 05일
초판 발행	2024년 06월 11일
지은이	전 병 렬
발 행 처	다담출판기획 TEL : 02)701-0680
	서울시 영등포구 영신로30길 14, 2층
편 집 인	박 종 규
등 록 일	2021년 9월 17일
등록번호	제2021-000156호
ISBN	979-11-93838-06-8 03800
가 격	13,000원

본 책은 지은이의 지적재산이므로 무단전재와 복제를 금합니다.